Berchtesgadener Land
Eine fünftägige Hüttentour mit Watzmannbesteigung

Auf und raus!
Band 2

André Dückers

Berchtesgadener Land
Eine fünftägige Hüttentour
mit Watzmannbesteigung

© 2014 André Dückers, Nettetal
Herstellung und Verlag: Books on Demand GmbH, Norderstedt.
ISBN 978-3-7357-5117-1

Titelfoto: © André Dückers, weitere Fotos von André Dückers und Didi Schopp.

Bibliographische Information Der Deutschen Bibliothek:
Die Deutsche Bibliothek verzeichnet diese Publikation in der Deutschen Nationalbibliographie; detaillierte bibliographische Daten sind im Internet über http://dnb.ddb.de abrufbar.

Inhalt

Vorwort

*Willst du dich kennen lernen,
dann besteige einen Berg.*

Kurt Haberstich

Der Watzmann ruft!

Nach der hinter mir liegenden Outdoor-Saison blicke ich auf die vielen gemachten Erlebnisse zurück, sortiere Bilder und ordne Aufzeichnungen. Spätestens im Winter beginnt bei mir die Zeit, Planungen für das kommende Jahr anzustellen. Bei den Überlegungen, welche Wanderziele sich für eine einwöchige Trekkingtour eignen, orientiere ich mich meistens an den gleichen Kriterien: Landschaftlich ansprechend sollte das Ziel sein, jenseits vom (Wander-)Massentourismus liegen, schnell und gut erreichbar sein und Möglichkeiten zur Hüttenübernachtung bieten. Darüber hinaus sollten anspruchsvollere Passagen wie Klettereinlagen und Gipfelerlebnisse einzubinden sein.

Es zeichnete sich früh ab, dass sich potenzielle Mitstreiter für das anstehende Jahr rar machen. Eine Hochtour fällt wegen mangelnder Seilschaft aus. Der kurzen Überlegung mich einer mir unbekannten Gruppe anzuschließen folgte zügig der Gedanke, dass eine Solo-Tour ebenfalls ihren Reiz hat. Mehrere Tage ganz alleine unterwegs zu sein, abschalten zu können und im Einklang mit der Natur der Bergwelt die Ruhe zu finden, die man das ganze Jahr über vermisst, diese Option faszinierte mich zunehmend.

Dann war es plötzlich so, wie es vielfach beschrieben wird: Der Watzmann rief tatsächlich.

Die Lektüre eines Trekkingberichts in einem der einschlägigen Bergsteigermagazine überzeugte mich, dass ich bei einer Tour durch das Berchtesgadener Land das finden könnte, was ich mir für das kommende Jahr vorgenommen hatte.

So brach ich am 12.08.2013 nach Berchtesgaden auf, um mich von der Faszination, die vom König Watzmann ausgeht, selbst zu überzeugen. Ich darf vorwegnehmen: Ich wurde nicht enttäuscht.

Der hier vorliegende Tourenbericht beschreibt die einzelnen Etappen der fünftägigen Tour und ergänzt diese mit meinen eigenen Erlebnissen. Hinweise zur Tourenplanung und -vorbereitung, Ausrüstungslisten, Adressen von Hütten und Hotels sowie weitere Tipps runden den Reisebericht ab. Die angegebenen Zeiten sind nicht nur abhängig von der persönlichen Konstitution, sondern auch von Gruppengröße, Witterungsbedingungen und Tagesform. Sie gelten daher als grobe Richtwerte, Pausen sind nicht eingerechnet.

Mein Dank gilt wie immer meiner Frau, die mir nicht nur diese Tour ermöglicht hat, sondern auch wieder die undankbare Aufgabe des Korrekturlesens übernahm. Außerdem darf ich Didi Schopp herzlich danken, den ich auf der Tour kennenlernte und der mir freundlicherweise seine Fotos für diesen Bericht zur Verfügung gestellt hat.

Allen Leserinnen und Lesern wünsche ich viel Spaß bei der Lektüre und beim (Nach-)Wandern.

André Dückers

1 Tourenplanung und –vorbereitung

1.1 Überblick

Das neben den zahlreichen Sehenswürdigkeiten im Tal des Berchtesgadener Landes zweifellos bekannteste Ziel ist der Watzmann selbst. Mit seinen Nebengipfeln „Frau und Kinder" und zusammen mit dem türkisfarbenen Königssee bildet er den Schluss- und Höhepunkt der Tour.

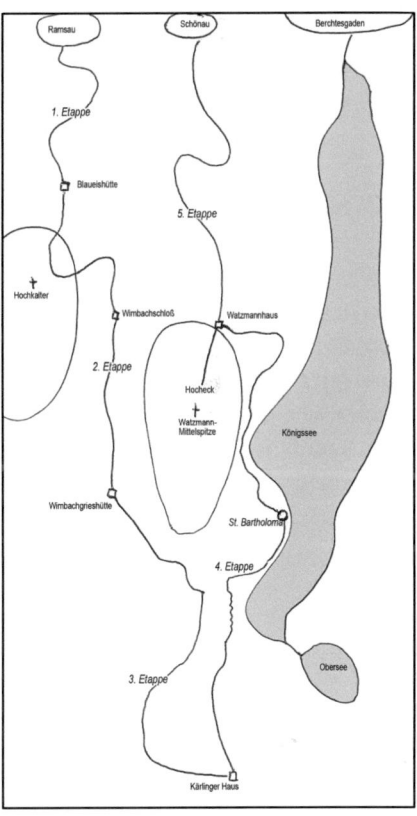

Los geht es vom verkehrstechnisch gut zu erreichenden Startpunkt in Ramsau. Nach dem Aufstieg ins Hochkaltermassiv geht es über die Blaueishütte und der Schärtenspitze ins Wimbachtal. Durch große von Gries geprägte Areale führt die Tour südwärts Richtung Steinernes Meer. Eine Zwischenübernachtung ist in der Wimbachgrieshütte geplant. Nahe der österreichischen Grenze bewegt sich die Streckenführung zum Kärlinger

Haus, das sich am Funtensee äußerst idyllisch präsentiert. Von hier aus geht es in der Königsetappe am kommenden Tag am Königssee vorbei über den Rinnkendlsteig über die Kührointalm zum Watzmannhaus. Der letzte Tag ist für die Watzmannbesteigung vorgesehen. Darauf folgt der etwa 2000 m tiefe Abstieg, bevor uns Berchtesgaden wieder hat.

Insgesamt sind für die Route fünf Wandertage vorgesehen. Von An- und Abreise abgesehen, braucht weder auf Seilbahn noch auf Bustransfer zurückgegriffen werden. Die Möglichkeiten dazu sind bei der geplanten Streckenführung ohnehin begrenzt.

1.2 Jahreszeit, Wetter, Klima

Die beste Zeit des Bergwanderns liegt in den Sommermonaten von Juni bis Anfang September. Bis tief in den Sommer hinein muss auf den nördlichen Hängen mit Altschneefeldern gerechnet werden. Ab September nimmt die Wahrscheinlichkeit von Neuschnee auch auf der deutschen Seite der Alpen deutlich zu. Zudem ist das Wetter in den Sommermonaten in der Regel verhältnismäßig stabil, die Tage sind am längsten und die Temperaturen auch in höheren Lagen noch angenehm. Zu bedenken ist allerdings, dass sich das Wetter in den Alpen wegen der mikroklimatischen Bedingungen auch im Sommer schnell verändern und somit wechseln kann. Beim Aufstieg zu einem Joch oder einer Scharte kann im ersten Talkessel noch feuchtes und kühles Klima herrschen, während nach Überschreitung einer Bergkette im zweiten Tal bei deutlich höheren Temperaturen die Sonne scheint oder umgekehrt. Auch Schneefall ist in hohen Lagen selbst im Sommer nicht gänzlich auszuschließen.

Tendenziell sind die Regionen der nördlichen Ostalpen, zu denen das Berchtesgadener Land gehört, vom mitteleuropäischen gemäßigten Klima geprägt. Dabei sollte bedacht werden, dass man sich insbesondere im Steinernen Meer sowie im Hochkalter- und Watzmannmassiv in höheren Gegenden jenseits der 2000m-Grenze aufhält. Etwa ein halbes Grad Celsius pro 100 Höhenmeter sind als Temperaturverlust einzukalkulieren. Während es in Ramsau zu Beginn der Tour auf 800 m Höhe noch sommerlich warm sein kann, sind die Temperaturen bei über 2000 Meter nicht selten um 10°C. Zudem bewegen wir uns in einer Region, die für niedrige Temperaturen bekannt ist. Am Funtensee sind 2001 mit -44°C die tiefsten Temperaturen in Deutschland gemessen worden. Auch wenn diese Temperaturen im Sommer nicht zu erwarten sind, sollte man sich grundsätzlich auf klimatische Veränderungen einstellen, die einen innerhalb kurzer Intervalle ereilen können.

Nicht nur wegen der Wahl der passenden Kleidung (s. auch Sicherheit/alpine Gefahren) lohnt es sich daher, Informationen zur Wetterlage im Vorfeld einzuholen. Das aktuelle Bergwetter erfährt man unter:
http://www.alpenverein.de/DAV-Services/Bergwetter.
Gut informiert sind in der Regel auch die Hoteliers und Hüttenwirte.

1.3 Orientierung und Hilfsmittel

Bei einem alpinen Basiskurs, der übrigens jedem, der sich mehr oder weniger unerfahren ins Hochgebirge vorwagt, ans Herz gelegt sei, berichtete ein DAV-Referent: „Nichts ersetzt eine vernünftige Karte." Und er hat Recht. Nicht, dass mich moderne, GPS-basierte Orientierungshilfsmittel nicht faszinieren könnten, doch seit ich vor zwei Jahren ein Paar in Südtirol jenseits der Düsseldorfer Hütte mit eben einem solchen Gerät habe wandern sehen, hat sich meine Begeisterung für diese Art von Hilfsmittel wesentlich dezimiert. Auf gut erkennbaren und ausgewiesenen Wegen ging „Er", den Blick tief ins Display vergraben, in deutlichem Abstand vor „Ihr", die sich offensichtlich ob der Wegbeschaffenheit trotz Einsatz von Trekkingstöcken am Rand ihrer körperlichen und/oder mentalen Konstitution befand. Zwei Dinge wurden mir klar: Erstens ist der Einsatz von GPS in aller Regel ohne Sinn, da die Streckenführung im Alpenraum (zumindest auf wesentlichen Teilen der hier vorgestellten Tour) gut ausgewiesen und markiert ist. Zweitens birgt die Bewunderung für technische Errungenschaften zuweilen die Gefahr, den Blick für das Wesentliche, wie hier für die Probleme der Bergkameradin, zu verlieren.

Sollte darüber hinaus das Wetter sich derart verschlechtern, dass die Wegführung nicht mehr zu erkennen ist, herrscht in aller Regel auch ein eingeschränkter GPS-Empfang. Probleme mit der Stromversorgung oder andere technische Schwierigkeiten seien nur am Rande erwähnt. Letztlich bleibt es bei dem, worauf sich schon viele Generationen von Bergwanderern und -steigern verlassen haben und es immer noch tun: Karte und Kompass.

Und so hat der DAV-Referent in meinen Augen und für diese Tour absolut Recht. Karte und Kompass genügen. Als Kartenmaterial empfehle ich die unter 5.2 erwähnten Karten.

1.4 Kondition und Fitness

Die persönliche körperliche Fitness darf als wichtigste Komponente beim Trekking bzw. alpinen Tourengehen betrachtet werden. Ist diese Einschränkungen unterworfen, begrenzt sie gleichzeitig Höhenmeter, Länge und Dauer der Einzel- wie Gesamtstrecke(n). Die eigene Fitness beschränkt nicht nur die persönliche Leistungsfähigkeit, sondern auch die der gesamten Gruppe. Die mangelhafte Kondition und Fitness eines Einzelnen führt deswegen nicht selten zu massiven Einschränkungen und gegebenenfalls zum Abbruch der Tour.

Bei der hier vorgestellten Tourenwoche sollte bedacht werden, dass die Belastungen fünf Tage in Folge bei einer täglichen Gehzeit von 5 bis 8 Stunden und im Schnitt in Höhen von 1500 bis 2500 Metern stattfinden. Zudem fehlen Regenerationszeiten, da sowohl die Hütten-aufenthalte zu kurz als auch in der Regel ungeeignet sind, um eine vollständige körperliche Erholung zu er-möglichen. Eine angemessene körperliche Fitness ist demzufolge Grundvoraussetzung zum Gelingen der Tour.

Dass ein gewisses Maß an Maximalkraft, Kraftausdauer und Beweglichkeit sinnvoll ist, bestreitet kein Alpinist ernsthaft. Am wichtigsten scheint für das Bergwandern aber wegen oben genannter Aspekte aber die Ausdauer als Konditionskompetenz zu sein. Für die Vorbereitung auf diese wie andere Touren ist daher ein Training sinnvoll, das auf relativ geringe Belastung setzt, dafür aber längere Zeiträume in Anspruch nimmt. Kurze Spinning-Einheiten im Cardiobereich sind daher weniger sinnvoll als längere Fahrradtouren, Läufe oder Walking-Einheiten. Für 40-Jährige empfiehlt es sich während des Trainings nicht über eine Herzfrequenz von 150 Schlägen pro Minute zu gehen. Die Länge der Trainingseinheiten sollte möglichst bei einer Stunde (besser mehr) liegen.

Da beim Bergwandern vor allem Bein- und (beim Einsatz von Trekkingstöcken sowie beim leichten Klettern) Armmuskulatur beansprucht werden, empfiehlt es sich beim Training auch diese Muskelgruppen verstärkt einzubeziehen. Sinnvolle sportliche Betätigungen sind folglich (Nordic)Walking, Laufen und Fahrrad fahren.

Bei meinem persönlichen Sportprogramm ergänze ich zur Vorbereitung die Laufeinheiten durch ein Krafttraining im Fitnessstudio. Die Laufeinheiten sollten gegen Ende der Vorbereitung zehn Kilometer nicht unterschreiten. Einmal die Woche mehr Strecke zu machen ist durchaus förderlich. Bestzeiten sind dabei weder notwendig noch sinnvoll. Zeiten von 60 Minuten oder weniger für zehn Kilometer zeugen in der Regel schon von einer guten Grundlagenausdauer. Zweifellos ist auch leichtes Laufen oder strammes Gehen an Steigungen eine gute Vorbereitung. Bei uns am Niederrhein gestaltet sich aufgrund fehlender Erhebungen als etwas schwierig. Ein Laufband mit Steigungssimulation ist daher eine sinnvolle Option.

2 Ausrüstung

Eine gute Ausrüstung ist wesentlich für den reibungslosen Ablauf einer Hüttentour. Der outdoor-orientierte (Freizeit-)Sportler ist sich ohnehin bewusst, dass weniger oft mehr ist, wenn dafür die Qualität stimmt. Denn erstens ist die Menge und das Gewicht der mitzunehmenden Ausrüstung begrenzt und zweitens kann man Ausrüstungsgegenstände, die in ihrer Funktion am Berg versagen, weder kurzfristig reparieren noch nachkaufen. Deshalb gilt: Lieber weniger Ausrüstung zulegen und dafür hochwertige Produkte kaufen. Dass eine gewisse Qualität ihren Preis hat, ist unstrittig. Auch im Outdoorbereich gibt es Billigkram und überteuerte Produkte. Ich orientiere mich in der Regel am mittleren Preissegment und habe bislang noch keine großartigen Enttäuschungen erlebt. Wer dagegen billig kauft, muss das Risiko einberechnen evtl. nach- oder neu zu kaufen, was am Schluss häufig teurer ist. Wichtiger als der Preis ist aber die Qualität bzw. die Fähigkeit des Produktes, die ihm zugewiesene Funktion zuverlässig zu erfüllen. „Ein bisschen wasserdicht" ist bei einer Hardshelljacke genauso wenig hilfreich wie ein Karabiner, der nur vielleicht das Sturzgewicht des Fallenden hält. Für mich ist die Lektüre der Produktempfehlungen und Tests in einschlägigen Fachzeitschriften wie „Outdoor", „Alpin" oder „Bergsteiger" genauso eine Entscheidungshilfe wie die fachkundige Beratung eines Verkäufers in gut sortierten Bergsportläden.

Die meisten Menschen, die mit dem Gedanken spielen, die hier vorgestellte Tour so oder in abgewandelter Form nachzugehen, werden ohnehin weite Teile des Equipments bereits besitzen und über eigene Erfahrungen verfügen, nach welchen Kriterien sie die für ihre Bedürfnisse optimal passende Ausrüstung zusammenstellen. Dennoch macht eine Auflistung der Ausrüstungsgegenstände Sinn, da fehlende Teile am Berg oder auch auf der Hütte zu vermeidbaren Problemen führen können. Die hier zusammengetragene Liste spiegelt meine eigene Ausrüstung wider. Sie erhebt keinen Anspruch auf Vollständigkeit oder Kompatibilität für jede und jeden Wanderer. Eine gute Orientierungshilfe stellt sie meiner Meinung nach trotzdem dar.

2.1 Am Mann

Bei meiner Tour gehe ich mit folgender Ausrüstung los. Als erste Schicht dient eine Funktionsunterhose und ein Funktionshemd. Baumwolle leitet die Körperausdünstungen nicht so gut nach außen, trocknet weniger schnell und fängt früher an zu riechen. Investieren Sie daher ein paar Euro in gute Funktionswäsche. Gleiches gilt auch für die Socken. Sie müssen einfach passen und „funktionieren". Nehmen Sie Abstand von der „Zwei-übereinander-Lösung", das taugt nichts.

Als zweite Schicht greife ich auf ein weiteres (Langarm-) Shirt zurück. Ich persönlich ziehe den T-Shirt-Stil dem klassischen Hemdstil vor. Was auch immer dem persönlichen Geschmack am ehesten zusagt, es sollte Funktionsgewebe sein. Eine lange Trekkinghose sollte ebenfalls dazugehören. Sie sollte für Sommertouren nicht zu dick sein. Es muss meines Erachtens auch nicht zwingend wasserdichtes Material sein, aber robust und schnelltrocknend wäre gut.

Wichtig ist eine gute dritte Schicht. Ob Sie die Hardshelljacke tragen und die Softshell in den Rucksack packen oder umgekehrt, ist den aktuellen Wetterbedingungen geschuldet. Die Hardshelljacke sollte ebenfalls robust sowie wind- und regendicht sein. Bewährt haben sich sogenannte 2,5- oder 3-Lagen-Jacken mit Goretex- bzw. Sympatex-Fasern oder vergleichbarem Material. Die Softshelljacke kann weniger robust ausfallen, sollte aber dringend winddicht sein.

Ein weiterer wesentlicher Punkt der Ausrüstung sind die Bergschuhe. Ich habe mich für ein Produkt mit fester Sohle entschieden, das für andere Touren die Option bietet mit Steigeisen zu gehen. Hier empfiehlt sich für den Unkundigen oder Unsicheren eine gute Beratung in einem Bergsportfachgeschäft. Internethändler sind nicht zwingend günstiger. Ob die Schuhe zu Ihrem Fuß und Ihren Bedürfnissen passen, werden Sie online auch selten ohne Fehlversuche herausfinden.

Ergänzt wird die Ausrüstung am Mann durch eine Sonnenbrille, Sportuhr, ein Multifunktionstuch (z.B. Buff) und gegebenenfalls durch eine Kopfbedeckung.

2.2 Im Rucksack

Der Rucksack selbst sollte ein Volumen von 35 – 40 Litern nicht unterschreiten. Auch hier macht sich eine Beratung und Anprobe mit Sicherheit bezahlt. Bewährt haben sich Modelle mit Hinterlüftung. Ich empfehle des Weiteren darauf zu achten, dass das favorisierte Modell viele Taschen hat, um auf möglichst viele Ausrüstungs-gegenstände zugreifen zu können, ohne den kompletten Inhalt entleeren zu müssen. Das, was man gerade braucht, befindet sich in aller Regel nämlich an der unzugänglichsten Stelle. Ein Schuhfach am Boden des Rucksacks ist ebenso hilfreich. Werden die Bergschuhe gerade getragen, können Turn- bzw. Hüttenschuhe oder auch die alpine Ausrüstung wie Klettergut, Klettersteigset, Helm, Karabiner etc. dort gut untergebracht werden. Diese Gegenstände sind relativ schwer und gehören daher auch zur günstigen Schwerpunktentwicklung möglichst nach unten.

Die komplette Ausrüstung ist zu tragen.

In den Rucksack gehören eine weitere Funktionshose und ein weiteres Hemd, sowie zwei zusätzliche Paare Trekkingsocken. Wenn Sie die lange Hose bereits tragen, sollte eine kurze Hose noch in den Rucksack. Gleiches gilt für die Hardshell- bzw. Softshelljacke. Da Sie bei der hier vorgestellten Tour auf Höhe kommen, ist je nach Wetterlage auch mit Kälte zu rechnen. Eine Fleecejacke oder ein Fleecepullover sind daher zwingend mitzunehmen. Außerdem sind Handschuhe und Mütze einzuplanen.

Die spezielle Ausrüstung (Klettergurt, Klettersteigset, Schlingen, Karabiner, Helm etc.) ist bei Bedarf ebenfalls Bestandteil der zu transportierenden Ausrüstung. Für den Rinnkendlsteig (Klettersteig A) und die Hocheckbesteigung ist das Klettersteigset nicht notwendig. Wer aber die Watzmannmittelspitze einplant oder eine Überschreitung angehen will, dem sei sie dringend empfohlen.

2.3 Für die Hütte

Für den Hüttenaufenthalt ist ein Hüttenschlafsack notwendig. Dieser kann als solcher im Fachhandel oder direkt beim DAV gekauft werden. Ein Inlet für den Schlafsack tut die gleichen Dienste und wird in Baumwoll- oder Seidenausführung angeboten. Zur Not kann der Hüttenschlafsack an der ersten Hütte gekauft werden. Bitte verzichten Sie aus hygienischen Gründen nicht auf diesen Ausrüstungsgegenstand.

Auf der Hütte werden die Bergschuhe jenseits des Gastraums nicht getragen. Spätestens vor dem Lager müssen diese ohnehin ausgezogen werden. Nahezu jede Hütte hat einen Trockenraum, in dem die Schuhe unter ihresgleichen die Nacht verbringen können. Es empfiehlt sich daher die Mitnahme eines Paares sauberer Schuhe für die Hütte. Da ich bei der Tour nicht nur auf Hütten, sondern auch in einer Pension übernachte, entscheide ich mich für ein paar leichte Turnschuhe.

Notwendig sind darüber hinaus Artikel zur persönlichen Körperhygiene inklusive Kulturbeutel. Wer Gewicht reduzieren will, kann hier auf einen wiederverschließbaren Plastikbeutel zurückgreifen. Außerdem sollte ein Handtuch, ein Lippenpflegestift und Sonnencreme nicht fehlen. Für den eventuellen Toilettengang bei Nacht empfehle ich, eine Stirnlampe mitzunehmen.

Neben den obligatorischen Ausrüstungsgegenständen sind noch an die persönlichen Utensilien zu denken. Für mich kamen noch Handy und Ladegerät, Fotokamera, Notizblock mit Stift, Geld, Ausweise, Kartenspiel und Verpflegung dazu. Ein Erste-Hilfe-Set ist sinnvoll und wurde bei mir durch eine beschichtete Folie gegen Auskühlung ergänzt.

2.4 Packliste

Am Mann	g	Im Rucksack	g	In der Hütte	g	Sicherheit/Orientierung	g	Sonstiges	g
Funktionshose	35 g	Funktionshose	35 g	Hüttenschlafsack (Seide)	115 g	Tourenbeschreibung	80 g	Handy, Ladegerät	170 g
Funktionsshirt	125 g	Funktionsshirt	125 g	leichte (Sport-)Schuhe	700 g	Kartenmaterial, Kompass	320 g	Fotoapparat, Ladegerät	295 g
Langarmshirt	200 g	2 x Socken	110 g	Kulturbeutel inkl. Waschzeug	275 g	Taschenmesser	285 g	Notizblock, Stift	100 g
Trekkinghose lang	495 g	Trekkinghose kurz	250 g	Handtuch	125 g	Feuerzeug	15 g	Bargeld	50 g
Trekkingsocken	55 g	Fleecepullover	245 g	Sonnencreme, Lippenpflegestift	75 g	Erste-Hilfe-Set inkl. Tabletten	295 g	Dokumente, Schlüssel	40 g
Hardshelljacke	530 g	Softshelljacke	475 g	Stirnlampe	100 g			Kartenspiel	85 g
Bergschuhe	1660 g	Handschuhe	110 g	Ggf. Oropax				Verpflegung	320 g
Sonnenbrille	20 g	Mütze	60 g					2 x 500l Wasser/Tee inkl. Flaschen	1210 g
Buff	35 g	Rucksack (45l) mit Regenhülle	1300 g						
Sportuhr	45 g								
Gesamt	3200 g	Gesamt	2710 g	Gesamt	1390 g	Gesamt	995 g	Gesamt	2270 g
Ausrüstung am Mann 3200 g								Ausrüstung im Rucksack 7365 g	

3 Sicherheit

3.1 Risiken

Wer sich in den Bergen bewegt, muss sich darüber im Klaren sein, dass es zwar kalkulierbare, aber dennoch nie ganz auszuschließende Gefahren gibt, denen man sich aussetzt.

Ein erster Risikofaktor sind die in mikroklimatischen Alpenräumen recht zügig und nicht gänzlich vorhersehbaren **Wetterveränderungen**. Letztlich ist Bergwandern und -steigen eine Betätigung, die in freier Natur stattfindet und daher ist sie den Wettereinflüssen sofort und unmittelbar unterworfen. Die geringe Vorhersehbarkeit und der häufige Wechsel des Wetters sorgen dabei für die ein oder andere Herausforderung. So sehr der Sonnenschein im Sommer auch eine Wunschvorstellung jedes Bergwanderers darstellt, je bewusster muss man sich sein, dass dies häufig nicht der Fall ist.

Auch so kann der Sommer in den Alpen aussehen.

Bei schönem Wetter gestartete Etappen enden mittags nicht selten in Regen und/oder Gewitter. So ist es sinnvoll, um unnötigen Enttäuschungen vorzubeugen, sich nicht nur im Rahmen flexibler Planung, sondern auch ausrüstungstechnisch und mental auf Wetterschwankungen einzustellen.

Als weiterer Risikofaktor ist die **unrealistische Selbsteinschätzung** eigener Fähigkeiten zu benennen. Dies bezieht sich sowohl auf eine überzogene Vorstellung der eigenen konditionellen Konstitution als auch auf eine Überschätzung der technischen und insbesondere alpinen Kompetenzen.

Wer sich bei jeder Etappe zur nächsten Hütte quälen muss, weil die körperlichen Fähigkeiten schon vor Stunden ihr Limit überschritten haben, wird vermutlich bei dieser Hüttentour genauso wenig Freude haben, wie diejenigen, die sich ohne entsprechendes Equipment oder dazugehörige technische Kompetenzen in alpines Gelände wagen. Beides erhöht im Übrigen auch die Anfälligkeit für Verletzungen und Unfälle.

Dies sind mir bekannte Phänomene. Dass jeder auch tagesformabhängig mal an seine physischen Grenzen stößt, ist dabei verzeihlich, wenn die Routenführung so flexibel gewählt ist, dass man unter Umständen auch eine Hütte früher Quartier machen oder ins Tal absteigen kann. Dass sich aber immer wieder Wanderer ohne angemessene Ausrüstung aufmachen, halte ich persönlich für einen beunruhigenden Trend. Bei der Watzmannüberschreitung sind zahlreiche Bergsteiger ohne Klettersteigset unterwegs. Für den erfahrenen Gratgänger, der die eigenen Kompetenzen sowie die Wetterlage vernünftig einzuschätzen weiß, dürfte sich das als wenig problematisch erweisen. Bei denjenigen, die aber auf dem Hocheck noch nicht wissen, mit welchem Knoten sie das Seil und den Karabiner an ihren Klettergurt befestigen, darf man sich meines Erachtens nicht ohne Grund sorgen. Hier fehlen offensichtlich nicht nur den Bergverhältnissen entsprechende Fähigkeiten; es gesellt sich ein weiterer Risikofaktor dazu: **unangemessene Ausrüstung**. Wer für bestimmte Abschnitte auf die sinnvolle und ggf. sogar notwendige Ausrüstung (wie hier ein Klettersteigset) nicht zurückgreifen kann und dies auch nicht mit entsprechender Erfahrung und Technik kompensieren kann, sollte besser eine Alternativroute wählen oder sich von vornherein einer Bergschule oder dem DAV Summit Club anschließen, die in Technik einführen und die Ausrüstung bei Bedarf zur Verfügung stellen.

Auch wenn die hier vorgestellte Tour moderat beginnt und erst allmählich in größere Höhenlagen vorstößt, sollte der Risikofaktor **mangelhafte Höhenanpassung** genannt werden. Dass manche Veranstalter Hochtouren auf 5.000er anbieten und mit zwei Akklimatisierungstagen auszukommen glauben, zeigt meiner Meinung nach eine beunruhigende Entwicklung. Diese Hüttentour stößt weder in solche Höhenlagen vor, noch geht sie aus dem Stand auf die hohen Gipfel. Das Risiko einer Höhenerkrankung ist dementsprechend gering. Dennoch gibt es immer wieder einzelne Personen, die schon bei unter 3.000 Meter Höhe eine deutliche Veränderung ihrer Leistungsfähigkeit wahrnehmen.

Wer sich für die hier beschriebene Streckenführung entscheidet, sollte sich des **alpinen Risikos** bewusst sein. Von einer Lawinengefahr muss in Sommermonaten auf der hier vorgestellten Route eher nicht ausgegangen werden. Gletscherkontakt ergibt sich ebenfalls nicht. Aber auch jenseits der Gletscher sind im alpinen Gelände und in steileren Passagen Gefahren vorhanden, die fatale Folgen haben können. Manche Stellen sind derart steil und/oder ausgesetzt, dass ein Fehltritt und Stolpern im schlechtesten Fall zum Absturz führen könnte. Trittsicherheit und Schwindelfreiheit sind daher für diese Route nicht nur wünschenswerte Fähigkeiten, sondern stellen eine unabdingbare Voraussetzung dar.

In einzelnen Abschnitten ergeben sich zudem Steinschlaggefahren. Steinschläge sind nicht nur durch sich höher befindliche Kletterer auslösbar, sondern können sich auch als Folge eines Unwetters bemerkbar machen. Die entsprechenden Stellen mit bekannten Gefahren sind in der Routenbeschreibung ausgewiesen.

Sinnvoll erscheint allemal die Benutzung der persönlichen „Watzmann-Risikobox", bei der verschiedene Faktoren aus den Kategorien Mensch, Gelände, Verhältnisse mit Schulnoten bewertet werden (Vgl. Panorama 3/2014, Jg. 66, S. 60f.). Auf den Flyer des DAV zur Sicherheit bei Watzmanntouren ist am Schluss des Buches verwiesen.

3.2 Sicherung und Klettersteiggehen

Klassische Sicherungstechniken, die im alpinen Gebiet bzw. Klettergelände zu beherrschen sind, braucht der Bergfreund auf dieser Hüttentour nicht. Als Herausforderungen, die jenseits des – wenn auch teilweise ambitionierten – Bergwanderns anzusiedeln sind, dürfen für diese Fünf-Tages-Tour die Abschnitte von der Blaueishütte zur Schärtenspitze (1), die Watzmannbesteigung (2) und der Rinnkendlsteig (3) gewertet werden.

1. Der Weg zur Schärtenspitze von der Blaueishütte aus

fällt unter die Kategorie Bergweg. Er ist in den Wanderkarten in der Regel als alpiner Steig gekennzeichnet, der aber lediglich im Abstieg zum Wimbachschloss Passagen aufweist, für die alpine Erfahrung notwendig ist. Grundsätzlich gilt, wie an anderen Stellen der Tour, dass Trittsicherheit und Schwindelfreiheit Voraussetzung sind, da einige Abschnitte durch absturzgefährdetes Gelände führen. Sowohl im Auf- wie im Abstieg sind kurze gesicherte, also mit Stahlseilen und/oder Stahltritten bzw. -stiften versehene Stellen zu bewältigen, die diese Abschnitte damit als Eisenwege („Via Ferrate") und somit als Klettersteige kennzeichnen. Da es sich aber bei der Strecke zur Schärtenspitze nur um einzelne und zudem einfache Kletterstellen (nach Kurt Schall: Kategorie A = wenig schwierig, einfach) handelt, ist eine Einordnung als Bergsteig, der den Übergang von der einfachen Wanderung zum Klettersteig markiert, sinnvoll. Der schwindelfreie und trittsichere Bergsteiger geht diese Strecke sicherlich ohne Klettersteigset.

2. Die Watzmannbesteigung (Hocheck) ist technisch nicht schwieriger. Lediglich eine Stelle ist mit einem Stahlseil versichert. Einzelne Stifte bzw. Tritte helfen beim Überwinden größerer Felsblöcke. Die Benutzung eines Klettersteigsets macht auch hier wenig Sinn. Anspruchsvoller ist dieser alpine Steig dennoch, da er dem Bergsteiger deutlich mehr Höhenmeter abverlangt. Neben Trittsicherheit und Schwindelfreiheit müssen hier Kondition und Konzentration stimmen.
Wer zudem eine Überschreitung plant, dem sei die komplette Klettersteigausrüstung ans Herz gelegt. Die Überschreitung führt über einen zwar markierten, aber nicht durchgehend versicherten Grat im Absturzgelände. Im Abstieg ist mit Steinschlag durch höher befindliche Bergsteiger zu rechnen (Helm!). Die Überschreitung sollte nur bei gutem Wetter und schnee- bzw. eisfreiem

Fels unternommen werden. Zum Teil sind Kletterstellen (bis Schwierigkeitsgrad II) zu überwinden. Als Klettersteig fällt er unter die Kategorie B.

3. Der Rinnkendlsteig weist die meisten oft zusammenhängenden Sicherungen wie Stahlseile, Tritte, Stufen, Leitern, Treppen und Brücken auf. Er hat am ehesten echten Klettersteigcharakter, ist aber technisch ebenfalls wenig schwierig und darf der Kategorie A, evtl. A/B zugeordnet werden. Auch hier gilt: Der erfahrene Bergsteiger wird sicherlich ohne Klettersteigset gut zurecht kommen. Weniger Geübte sollten ein Klettersteigset oder zumindest ein Sicherungsseil mitführen.

Eisenstufen am Rinnkendlsteig

Grundsätzlich zählt für Unerfahrene auch das subjektive Empfinden. Fühlen Sie sich nicht sicher oder unerfahren, sollten Sie auf Touren, die leichte Kletterei im Absturzgelände vorsehen oder den Einsatz von Klettersteigsets erforderlich machen, verzichten oder sich einem Bergführer anvertrauen. Eine gute Alternative und Vorbereitung ist ein Basis- und/oder Kletter(steig)-kurs bei Ihrer DAV-Sektion. Hier erlernen Sie die notwendige Sicherungstechnik und viele weiteren Dinge mehr, die Sie für die Durchführung einer ambitionierten Hüttentour gebrauchen können. In aller Regel lernen Sie darüber hinaus auch noch nette Bergkameraden kennen, mit denen sich vielleicht die ein oder andere Tour unternehmen lässt.

3.3 Solo oder in Gemeinschaft

Während ich im letzten Jahr mit zwei Bergkameraden die Alpenüberquerung unternommen hatte, fand sich für die Hüttentour im Berchtesgadener Land kein Mitstrei-ter im persönlichen Umfeld. Dem einen war es zu an-spruchsvoll, dem anderen zu wenig alpin, die meisten hatten schlichtweg keine Zeit. Ich stand vor Frage solo zu gehen oder mich einer Gruppe anzuschließen. Viele Touren im Berchtesgadener Land werden von professi-onellen Bergschulen oder dem DAV Summit Club mit Wanderführer angeboten. Das Angebot reicht dabei von Komforttouren mit Gepäcktransport bis zu speziellen Angeboten für Frauen oder Twens.

Letztlich boten sich mir damit zwei Alternativen: An-schluss an eine geführte Tour mit mir bis dahin unbe-kannten Mitstreitern oder die Solo-Tour. Ich entschied mich bewusst für die Solo-Tour.

Diese Entscheidung konnte ich für mich treffen, da ich nicht gänzlich unerfahren ins Berchtesgadener Land aufgebrochen bin. Ein gewisses Maß an Erfahrung, auch was hochalpines Gelände inklusive Bewältigung ausgesetzterer Kletterstellen und -steige sowie Kenntnisse bezüglich der entsprechenden Sicherungstechniken angeht, bringe ich für diese Tour mit. Wer sich diesbezüglich unsicher oder zu unerfahren fühlt (und hier ist tatsächlich die subjektive Einschätzung gefragt), sollte auf geführte Touren zurückgreifen. Hier vermitteln in der Regel gut ausgebildete und qualifizierte Berg- und Wanderführer wesentliche Kenntnisse und, was vielleicht noch wichtiger ist, die notwendige Sicherheit.

Zudem tritt häufig der Fall ein, dass sich keine Gruppe Gleichgesinnter finden lässt. Auch hier sind die angebotenen Reisen keine schlechte Alternative. Zum einen lässt sich in der Gruppe das Risiko bestimmter Passagen oder Situationen reduzieren, zum anderen ist man nicht sieben Tage alleine unterwegs, was dauerhaft auch auf das Gemüt schlagen kann. In der Regel ist man ja mit Gleichgesinnten zusammen, hat sofort einen Gesprächseinstieg und nicht selten entwickeln sich aus anfänglichen Zweckgemeinschaften Freundschaften, die länger als die eigentliche Tour andauern.

Wer allerdings - wie ich - individuellere Streckenverläufe favorisiert und diese gerne flexibel handhaben möchte, bindet sich ungern an ein mehr oder weniger festgelegtes Programm. Wer auf diesen Aspekt nicht verzichten mag, sich aber alleine doch zu unsicher fühlt, kann natürlich einen Bergführer für eine auf seine Bedürfnisse zugeschnittene Tour oder nur etappenweise (beispielsweise für die Hochtouren) buchen. Auch hier bieten zahlreiche Bergschulen und selbstständige Bergführer ihre Dienste an, die aber entsprechend zu entlohnen sind. Dass eine

Einzelbetreuung dabei deutlich höher zu Buche schlägt, als die Begleitung einer Vierergruppe, versteht sich von selbst.

Letztlich ist die Entscheidung, ob die Tour mit oder ohne Bergführer geplant wird, vor allem abhängig von den Vorerfahrungen und Fähigkeiten. Der Rest ist Geschmacksache.

4 Tourbeschreibungen

4.1 Etappe 1:
Ramsau – Blaueishütte

Anreise und erster Anstieg zur zünftigen Hütte

Anspruch: ★★   Erlebnisfaktor: ♥♥
Gehzeit: 2.30 h   ↑ 850 m   ↓ 0 m

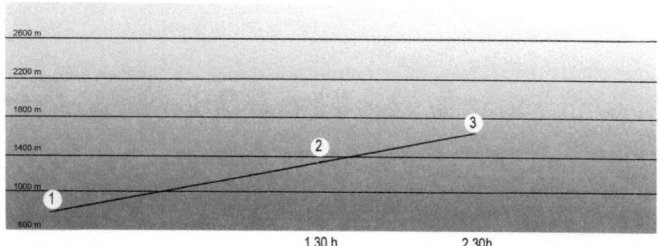

1 - Ramsau (800 m)
2 - Schärtenalm (1359 m)
3 - Blaueishütte (1651 m)

Nach einer mühsamen Zugfahrt komme ich um die Mittagszeit am Bahnhof in Berchtesgaden an. Bevor der Bus nach Ramsau losfährt, kann ich mich noch im gegenüber liegenden Supermarkt mit ein paar Schokoriegeln, Wurst und Brot für die Zwischenmahlzeiten der kommenden Tage eindecken. Die Linie 846 bringt mich in 20 Minuten für gut 5 Euro hinaus zur Haltestelle Holzlagerplatz bei Ramsau. Auf knapp 800 Höhenmetern startet die Tour auf dem Fahrweg gegenüber der Bushaltestelle. Dem Weg folge ich für etwa 20 Minuten bergan, in denen ich 150 m an Höhe gewinne. Dann biegt die Strecke links ab, immer noch gut befestigt, aber etwas schmaler durch Nadelgehölz. Der Aufstieg aus dem Süden ist beschattet, was den Temperaturen und damit mir selbst ganz gut bekommt. Während meines Aufstiegs ist der Weg mit Tagestourengängern gut frequentiert. Die meisten von ihnen kommen mir schon entgegen. Einzelne, der wegen der mitgeführten Ausrüstung als Kletterer zu identifizierenden Mitwanderer führt es noch bergauf. Die kommende halbe Stunde wird etwas sonniger, da der Wald lichter wird, was sich auf die zunehmende Steilheit des Weges zurückführen lässt.

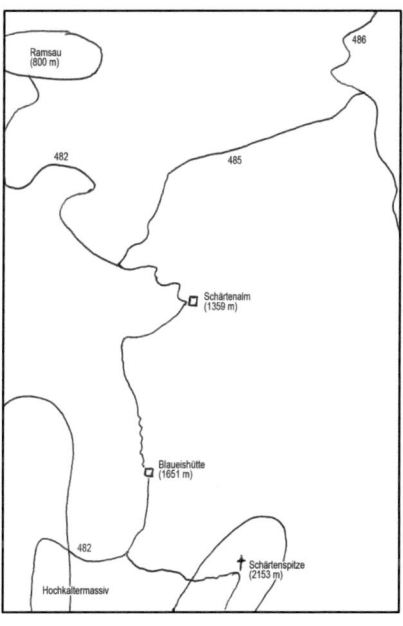

Ich gehe immer noch auf einem inzwischen deutlich schmaleren Fahrweg, der wahrscheinlich nur noch von Fahrzeugen mit Untersetzung bewältigt werden kann.

Nach eineinhalb Stunden erreiche ich die Schärtenalm auf 1359 m Höhe und gönne mir zur Erfrischung ein Radler (3,- Euro). Rechts hinter der Alm geht es den Weg 482 weiter bergauf. Nach 15 Minuten und etwa 70 Höhenmetern führt meine Route über ein paar Stufen links ab.

Nun folgen 30 anstrengende und einsame Minuten. Sie führen über ca. 450 (!) Stufen und lassen den Aufstieg zur Blaueishütte für den ersten Tag durchaus anspruchsvoll erscheinen. Nach gut 300 Stufen lädt eine Bank zu einer kurzen Verschnaufpause ein, wohlwissend, dass 2/3 der Stufen schon bewältigt sind.

Aufstieg über gut ausgebaute Wege

Auf 1651 m Höhe ist die Blaueishütte erreicht. Sie liegt wunderschön und idyllisch auf einer kleinen Anhöhe mit Blick auf Ramsau und dem Hintersee. Im Rücken der Hütte befinden sich Blaueisscharte inkl. gleichnamigem Gletscherrest und leicht versetzt dahinter der Hochkalter, der bei meiner Ankunft seinen Anblick aber nicht freigeben will und sich stattdessen vornehm in Nebel hüllt. Dass die auf dem Weg getroffenen Kletterer das gleiche Ziel ausgesucht haben müssen, bestätigt sich jetzt.

Blick auf Blaueisscharte und Gletscherrest

Die Wände von Steinberg (2025 m) und Schärtenspitze (2153 m) zeigen sich in der Abendsonne als gutes Klettergebiet. Einige Seilschaften nutzen die schönen Stunden des bereits ausklingenden Tages noch aus.

Unterkunft: Blaueishütte (1651 m)
Hüttenwirte: Brigitte und Raphael Hang,
www.blaueishuette.de, Reservierung per email:
info@blaueishuette.de oder Tel. 08657-271,
Übernachtung für DAV-Mitglieder 11,- Euro/Lager

Abendliches Mutmachprogramm

Nachdem ich mich mit Bratkartoffeln und zwei Spiegeleiern gestärkt habe, zieht es mich noch mal nach draußen auf die Terrasse der Hütte, um den Blick in die Ferne schweifen zu lassen und mich auf die kommenden Tage einzustimmen. Wie immer kommt man beim Bier mit anderen Bergwanderern und Kletterern schnell ins Gespräch. Für den nächsten Tag sei schlechtes Wetter mit viel Niederschlag angekündigt, lautet die erste Hiobsbotschaft, die ich mich erwartet. Kann man nicht ändern, denke ich und folge dem weiteren Gesprächsverlauf. Auf die Frage, was er denn mit seinem Zeh gemacht habe, berichtet uns der Bergführer Hans von seiner Wintertour in der Nordwand am Matterhorn. Dass der Zeh nun fehle sei Ergebnis seiner Erfrierungen, die er bei der Tour erlitten habe. Die genaueren Details zu den Erfrierungserscheinungen und späteren Behandlungsstrategien möchte ich eigentlich gar nicht wissen. Sie bleiben mir auch weitgehend erspart, da der Nächste in der Runde von seinem Wadenbeinbruch beim Schneeschuhwandern am hohen Priel berichtet. In meiner Euphorie wegen dieser Verletzungsgeschichten etwas gedämpft, erzähle ich von meinem Vorhaben, den Watzmann gegebenenfalls von Süden kommend überschreiten zu wollen. Hans rät mir dringend ab. Die Route sei zu lang, der Aufstieg äußerst anspruchsvoll und schattenlos. In den kommenden Tagen müsse zudem mit großem Gegenverkehr gerechnet werden. Na toll! Ich versuche, mich von den geballten Hiobsbotschaften nicht herunterziehen zu lassen, gönne mir noch ein Bier und beziehe mein Lager. So schlimm wird es nicht werden.

4.2 Etappe 2:
Blaueishütte – Wimbachgrieshütte

Erste alpine Herausforderung mit Gipfelbesteigung und Wanderung durch die riesigen Schuttflächen des Wimbachgries

Anspruch: ★★★   Erlebnisfaktor: ♥♥
Gehzeit: 5.30 h   ↑ 1050 m   ↓ 1350 m

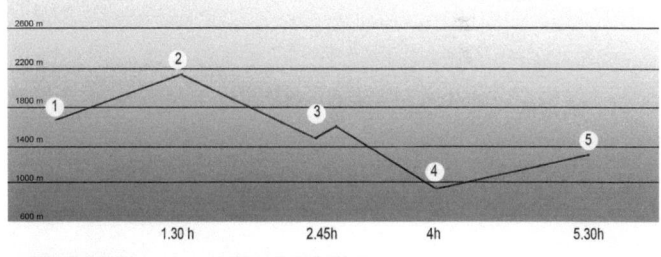

1 - Blaueishütte (1651 m)   4 - Wimbachschloß (935 m)
2 - Schärtenspitze (2150 m)   5 - Wimbachgrieshütte (1333 m)
3 - Hochalm (1490 m)

Die Blaueishütte verlasse ich nach dem Frühstück recht früh. Eine lange und anstrengende Etappe liegt vor mir. Außerdem bietet das aktuelle und angekündigte Wetter nicht die besten Rahmenbedingungen. Hinter der Hütte halte ich mich rechts Richtung Hochkalter. Von hier aus geht es für 15 Minuten auf gut markiertem Weg über Geröll. An der Gabelung wird nach rechts der Weg zum Hochkalter ausgewiesen. Ich halte mich links Richtung Blaueisgletscher und Schärtenspitze. Für den Aufstieg auf markierter Route ist jetzt ein Bogen notwendig, der scheinbar südlich am Gipfel vorbei führen will. Eine halbe Stunde später packe ich die Trekkingstöcke weg. Der Weg führt nun über ein Felsband, das hin und wieder den Einsatz der Hände erfordert. Wegen der Gemsen, die kleinere Steinschläge auslösen, ziehe ich außerdem den Helm an. Nach einem kurzen gesicherten Stück mit kleiner Leiter wechseln sich Geh- und leichtes Klettergelände mit einzelnen Seilsicherungen ab. Der Gipfelanstieg ist kurz und knackig. Nach 1,5 Stunden ist die Schärtenspitze erreicht, die trotz Bewölkung und Regen eine tolle Aussicht auf Hochkalter, Watzmann und Berchtesgaden freigibt.

Schärtenspitze: Tolle Aussicht trotz widriger Wetterlage

Riesige vegetationsunfreundliche Schuttflächen im Wimbachgries

Vom Gipfel geht es ein kurzes Stück zurück, dann zehn Minuten am Grat entlang Richtung Blaueisspitze. Jetzt beginnt der steile und größtenteils versicherte Abstieg mit Übergang ins Wimbachtal an der Eisbodenscharte (2049 m).

Nach kurzer Kletterei geht es etwas unangenehm über Schutt, später über Blockfelsen in einer Dreiviertelstunde gut 350 Höhenmeter herunter. Ab hier macht das Almvieh schon durch deutlich zu hörendes Glockengeläut auf sich aufmerksam.

Nebel und Regen sorgen derweil am felsdurchsetzten Weg für die ein oder andere Rutschpartie. Zudem

versuche ich, die Alpensalamander, die es bei der feuchten Witterung zu Tausenden auf die Wege zieht, nicht zu treffen. Zum Ausgleich sehe ich fast genauso viele rot-weiße Markierungen, die den Weg trotz Witterung gut erkennen lassen. Nach 80 Minuten gelange ich zur Hochalm, die außer Betrieb ist, aber zumindest eine Unterstellmöglichkeit bietet.

Nach einer halben Stunde Pause mache ich mich erneut auf. Der Weg führt hinter der Hütte links über die Hochalpscharte zum Wimbachschloss. Die Route geht 15 Minuten zuerst noch bei moderaten Steigungen hoch zur Scharte, danach erfolgt ein ebenfalls harmloser Abstieg ins Wimbachtal. Während die Karte diesen Abschnitt noch mit „nur für geübte Geher" kennzeichnet, finden sich hier tatsächlich nach einer Seilsicherung und einer Leiter nur mit Stufen ausgebaute Wege, deren größte Herausforderung in den den nassen Holzwurzeln beim Waldstück zu finden ist. Mir selber erschien dieser Teil der Tour deutlich einfacher als der Auf- und Abstieg zur Schärtenspitze bzw. der Abstieg an der Eisbodenscharte.

Die folgenden 700 Höhenmeter, die von der Hochalpscharte zum Wimbachschloss herunterführen, sind in etwa einer Stunde bewältigt. Am Wimbachschloss treffe ich heute die ersten anderen Wanderer und gönne mir eine größere Pause um bei einer

Das Wimbachgries

Auf der Westseite des Watzmanns erstreckt sich im Wimbachtal ein kilometerlanger Strom aus Schutt und Geröll. Wie vegetationsunfreundlich dieser Strom ist, zeigen viele abgestorbene Bäume, die den Eindruck einer Wüstenlandschaft verstärken. Der Schutt stammt aus den im südlichen Talschluss befindlichen Alpel- und Palfelhörnern, die vorwiegend aus brüchigem Dolomitgestein bestehen. Bei starkem und lang anhaltendem Regen, stürzt neues Geröll in das Gries und drückt den Schuttstrom weiter ins Tal.

Speckknödelsuppe (4,90 €) und einem Radler (3,60 €) zumindest meine Hardshelljacke zu trocknen. Anschließend gehe ich ein kleines Stück zurück und biege dann links den Weg 421 zur Wimbachgrieshütte ein. Nach 20 Minuten geht es rechts einen schmalen Pfad entlang. Weitere 20 Minuten später eröffnet sich im Wald eine Schneise, die sich wie eine Mischung aus Brandrodung und Mondlandschaft präsentiert. Schwarze umgeknickte Bäume oder was noch von ihnen zu erkennen ist, sorgen für prägnante Tupfer im grauen Gries. Später führt der Weg wieder in den Wald, vorbei an einer Schutzhütte mit einer Möglichkeit, die Trinkflaschen mit frischem Wasser aufzufüllen. Der Weg führt noch 30 Minuten weitgehend durch den Wald, ist gut befestigt und wenn überhaupt moderat ansteigend. Wenn auch der Streckenverlauf wenig spektakulär wirkt, so bietet er doch gelegentlich gigantische Ausblicke auf den Hochkalter im Westen und den Watzmann im Osten. Nach insgesamt 5,5 Stunden ist die Wimbachgrieshütte schließlich erreicht.

Unterkunft: Wimbachgrieshütte (1327 m), Naturfreundehaus, Hüttenwirte: Lisbeth und Bernd Kreh, www.wimbachgrieshuette.de
Reservierung nur telefonisch unter: 08657-344.
Übernachtung 15,- Euro/Lager

4.3 Etappe 3:
Wimbachgrieshütte – Kärlinger Haus

Über das Hundstodgatterl ins Steinerne Meer (ohne Besteigung des Hirschwieskopfes 1.45 h kürzer)

Anspruch: ★★   Erlebnisfaktor: ♥♥

Gehzeit: 7 h   ↑ 1350 m   ↓ 1050 m

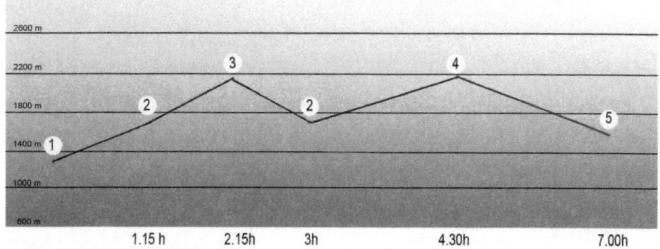

1 - Wimbachgrieshütte (1333 m)
2 - Trischübelalm (1700 m)
3 - Hirschwieskopf (2114 m)
4 - Hundstodgatterl (2180 m)
5 - Kärlinger Haus (1630 m)

Der dritte Tag beginnt mit Nebel, der sich schnell auflösen soll. Es ist niederschlagsfrei. Der Weg soll heute von der Wimbachgrieshütte über das Hundstodgatterl zum Kärlinger Haus am Funtensee führen. Zuerst präsentiert sich die Etappe wie am zweiten Tag mit breiten Wegen. Nach einer kurzen Strecke durch Karstgebiete werden die Pfade deutlich schmaler. Der zum Teil hohe Bodenbewuchs macht den Einsatz der Trekkingstöcke äußerst erschwerlich, so dass ich sie nach einiger Zeit wegpacke. Diese Art der unmittelbaren Streckenvegetation wird ab und zu durch spärlichen Kiefernbestand aufgelockert. Nach 20 Minuten erreiche ich eine Wegkreuzung. Linker Hand führt die Spur zum Watzmann, rechts geht es südwärts Richtung Steinernes Meer. Das Kärlinger Haus ist ebenso wie das Hundstodgatterl und die Ingolstädter Hütte bereits ausgewiesen. Nach einer Viertelstunde ist auf den Wegen wieder mehr Geröll, zudem gewinnt der Verlauf an Steigung. Nach insgesamt Eineinviertelstunde ist die Abzweigung nach links zum Hirschwies erreicht. Rechts führt der Weg 411 weiter zum Hundstodgatterl und zum Etappenziel, der Kärlinger Hütte. Diesen schlage ich aber erst auf dem Rückweg vom Hirschwieskopf ein.

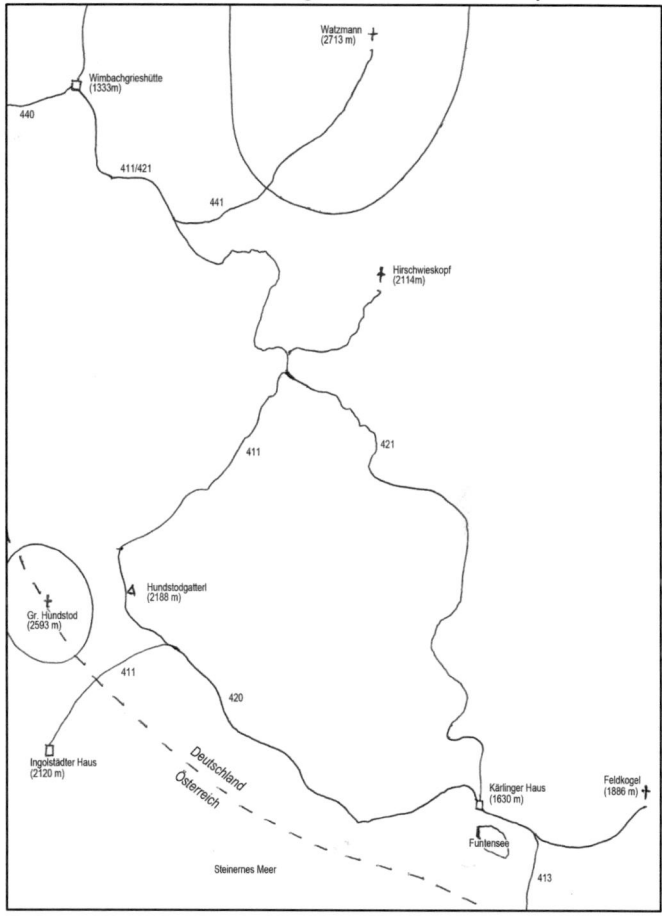

Zuerst steht die Gipfelbesteigung an, die etwa mit einer Stunde Auf- und einer Dreiviertelstunde Abstieg die Tagesetappe verlängert. Selbstverständlich kann auf den

Abstecher verzichtet werden. Ich lege meinen Rucksack hinter einem Busch ab und nehme den Aufstieg so deutlich erleichtert in Angriff. Nach wenigen Minuten zeigt sich ein Diensthaus auf etwa 1800 m Höhe. Für Wanderer ist die Hütte unzugänglich, dafür wird sie offensichtlich von zahlreichen Murmeltieren besiedelt, deren Pfeifen man schon aus der Ferne hört. Die kleinen Alpenbewohner zeigen sich in etwas Abstand von der Aufstiegsroute, sind aber gut zu erkennen. Der Pfad zum Gipfel führt zuerst durch Krüppelkiefern, wird dann zunehmend lichter und präsentiert sich aus einem Gras-Erde-Fels-Gemisch. Langsam aber spürbar wird es steiler. Die Boden- und Wegbeschaffenheit verändert sich bis zum Gipfel kaum. So ungefährlich und unschwierig es mir erscheint, so problematisch, da rutschig, kann es bei Nebel und/oder Regen im Abstieg werden. Weiter oben begegne ich unzähligen Gemsen, die sich

insbesondere auf den Felsvorsprüngen wohlzufühlen scheinen. Nach einer Stunde ist der Gipfel (2114 m) erreicht, der einen imposanten Ausblick auf das gewaltige Hochkaltermassiv freigibt. Nach kurzer Gipfelrast geht

Zahlreiche Murmeltiere auf der 3. Etappe

es auf gleichem Weg zurück, um dann an der Gabelung die oben genannte Route zum Hundstodgatterl einzuschlagen. Wenige Schritte hinter der Kreuzung liegt die völlig verfallene und kaum noch zu erkennende

Trischübelalm. Deutlich markanter zeigt sich eine auf rechter Seite befindliche Wetterstation. Hier gabelt sich der Weg erneut. Während es links zu St. Bartholomä und dem Kärlinger Haus herunter geht, folge ich rechts dem Pfad Richtung Ingolstädter Hütte und dem Kärlinger Haus via Hundstodgatterl. Abermals führt mich der Streckenverlauf durch einen für diese Höhe typischen Krüppelkiefernwald. Später nimmt der vegetationsarme Felsanteil deutlich zu. Der große Hundstod ist im Westen, also in meiner Laufrichtung, auf der rechten Seite nach einer Stunde schon zum Greifen nah. Erhaben und ohne große Konkurrenz in der Nachbarschaft dominiert er den Ausblick, während ich mich dem Steinernen Meer nähere.

Großer Hundstod   Übergang ins Steinerne Meer

Vor dem gleichnamigen Gatterl, das als Scharte den Übergang zum Steinernen Meer markiert, muss noch ein kurzer, aber knackiger Aufstieg durch bewachsene Felsrinnen und ein Abstieg in den darauffolgenden Talkessel bewältigt werden. Nach dem dann folgenden Aufstieg durch Geröll und Blockfels ist der Übergang geschafft (1,5 Stunden von der Trischübelalm). Die Landschaft, die jetzt nur noch aus Fels und Stein zu bestehen scheint, nimmt bizarre Formen an. Wie über Jahrtausende ausgewaschen wirkt das vegetationslose Gelände. Es folgen nun 20 Minuten Abstieg in zum Teil recht schroffen Blockfelsen. 130 Höhenmeter geht es unangenehm im Wechselmodus von Wandern und Klettern herunter. Auch die Markierungen sind den Gegebenheiten entsprechend schwerer zu erkennen, die Orientierung verlangt hier größere Konzentration. Danach bekommt der Streckenverlauf wieder etwas mehr Wegcharakter und führt weitere 10 Minuten herunter zum nächsten Wegweiser, der links die Richtung zum Kärlinger Haus (420) und rechts die Richtung zur Ingolstädter Hütte (411) anzeigt. Ich bleibe links für 40 Minuten auf moderaten Wegen bis auf 1770 Höhenmetern ein kurzer Gegenanstieg (etwa 80 Höhenmeter) etwas Abwechslung bringt. Eine weitere Gabelung weist rechts den Weg zur Peter-Wiechenthaler-Hütte aus. Ich bleibe auf der Strecke und halte mich auch bei der etwas später folgenden erneuten Möglichkeit, rechts die Staatsgrenze zu Österreich zu überschreiten, halblinks auf dem Weg zum Kärlinger Haus, auf das man ab jetzt hin und wieder einen Blick werfen kann.

Funtensee und Kärlinger Haus im Hintergrund

Wegen Bodenerosionen und der Gefahr weiterer Erdrutsche ist ein Teil des Weges zur Hütte verlegt. Er führt jetzt durch bewaldetes Gebiet und ist ziemlich erdig und bei Nässe entsprechend rutschig. Nach etwa 20 Minuten ist das Kärlinger Haus erreicht, das auf der sich dem Bergwanderer erst spät zeigenden Eingangsseite den Blick auf den idyllischen Funtensee freigibt.

Lohnender Blick vom Feldkogel auf den Königsse trotz Schlechtwetter

Wer noch Zeit und Kraft hat, dem sei nach einer Pause ein kurzer Abstecher zum Feldkogel ans Herz gelegt.

Der moderate und unschwierige 50-minütige Aufstieg belohnt diejenigen, die sich nach einer langen Tagesetappe noch aufraffen konnten, mit einer unverstellten und einmaligen Aussicht auf Watzmann, Königssee und Berchtesgaden. Der Abstieg ist in 40 Minuten zu bewältigen.

Gipfelkreuz am Aussichtspunkt

Unterkunft: Kärlinger Haus am Funtensee, DAV-Hütte
Hüttenwirte: Gabi und Sigi Hinterbrandner
www.kaerlingerhaus.de
Reservierung bitte per email: info@kaerlingerhaus.de
Übernachtung für DAV-Mitglieder 14,- Euro/Lager

Begegnung mit einem Naturburschen

„Hier sind Gemsen in der Nähe." Die Antwort auf meine Frage, woher er das denn wisse, überraschte mich dann doch. Er könne sie riechen, versuchte er mir glaubhaft zu vermitteln. Ein bisschen verschroben kam er schon rüber, der Mittfünfziger, den ich kurz hinter dem Naturfreundehaus auf meiner Tour traf.

Obwohl ich noch nicht einmal eine halbe Stunde unterwegs war, ließ ich mich auf ein kurzes Pläuschchen ein. Es sind eben doch diese Begegnungen, die eine Mehrtagestour interessant machen. Mit einem Riesenrucksack ausgestattet, war er seit 14 Tagen unterwegs. Ein Ziel schien er nicht zu haben, anders als bei der Tour vor zwei Wochen, als er mit seiner Frau von Slowenien nach Nizza unterwegs war. Hütten mochte er genauso wenig, wie offenbar die Gesellschaft anderer Wanderer. Jedenfalls baute er abends sein eigenes Zelt auf. Auf die Hütten ginge er nur, um seine Wasservorräte aufzufüllen. Ich fühlte mich ein bisschen geschmeichelt, dass er sich mit mir als gewöhnlichem Hüttentrekker abgab. Aber vielleicht wollte er nur nicht zugeben, dass eine kleine Unterhaltung von Zeit zu Zeit die Einsamkeit des Alleine-Wanderns doch ein bisschen vertreibt.

Mein Verdacht bestätigte sich: Der Naturfreund war ein klassischer Aussteiger. Vor drei Jahre habe er seine Selbstständigkeit als Berater an den Nagel gehangen. Die Vorträge, Seminare und Tagungen hätten gutes Geld gebracht, das er aber noch ausgeben wolle, bevor es nicht mehr ginge. Die Lebensplanung klang faszinierend: Letztes Jahr noch in Japan und Hawaii, wolle er nach der Tour noch ein halbes Jahr surfen, bevor es dann mit seiner Frau endgültig nach Neuseeland gehe. Ob ich nicht auch mal darüber nachdenken wolle, mich der gesellschaftlichen Zwänge zu entledigen und mein Leben zu leben. Wir wünschten uns auf unserer weiteren Tour und auch für das weitere Leben alles Gute. Ich zog mit deutlich leichterem Gepäck und verlor ihn alsbald aus den Augen. Die Gedanken des Naturfreundes aber wirkten noch lange nach.

4.4 Etappe 4:
Kärlinger Haus – Watzmannhaus

Vom Steinernen Meer über die Saugasse zum idyllischen Königssee und über den Rinnkendlsteig zum Watzmannhaus

Anspruch: ★★★   Erlebnisfaktor: ♥♥♥
Gehzeit: 8 h   ↑ 1400 m   ↓ 1100 m

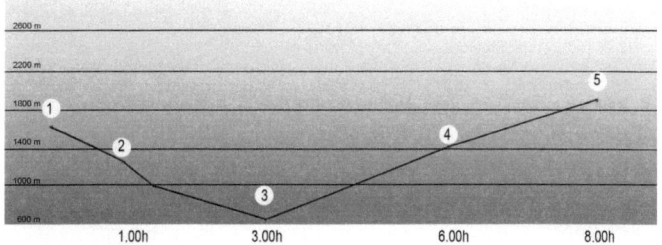

1 - Kärlinger Haus (1630 m)   4 - Kührointalm (1420 m)
2 - Saugasse (1350 m)   5 - Watzmannhaus (1928 m)
3 - St. Bartholomä (610 m)

Die Nacht war kurz: Ich starte um 7.00 Uhr meine vierte Etappe. Es soll die Königsetappe der Tour werden. Der Startort wird seinem Ruf gerecht. Als ich nach draußen komme, zeigt das Thermometer sommerliche 7°C an. Am Anfang der Etappe gehe ich auf guten Wegen, was dem morgendlichen Einlaufen sehr entgegenkommt. An der ersten Gabelung halte ich mich links Richtung Saugasse, während es rechter Hand zur östlich von Königssee liegenden Wasseralm geht. Nun kommen auch wieder mehr Fels und Geröll dazu. Nach einer Stunde ist die Saugasse (Weg 412) erreicht. Imposant führt sie in Winden und Kehren durch eine Talschlucht etwa 200 Höhenmeter herab, wirkt aber weniger steil als erwartet. Nach 30 Minuten bin ich auf ihr abgestiegen und auf etwa 1000 Meter Höhe angekommen. Durch Mischwald geht es nun in einem angenehmen Auf und vor allen Dingen Ab. Die Wege sind insgesamt wieder besser, erst nach 20 Minuten sorgt ein kurzes Stück mit Fels und Geröll für Abwechslung. Eine halbe Stunde später quere ich den Schrainbach und mache auf den Bänken einer alten verschlossenen Holzhütte eine kurze Rast. Der Blick auf die Hachelköpfe lohnt allemal.

Etwa eine Stunde benötigt man jetzt noch bis St. Bartholomä. Das erste Viertel führt über moderate Waldwege rechts am Schrainbach vorbei, danach geht es eine halbe Stunde steil bergab, was durch die teilweise durchgeführte Asphaltierung zum Teil recht unangenehm ist. Dieser Abschnitt ist im Vergleich zum Rest der Tour deutlich stärker frequentiert. Die Nähe zum touristischen Hotspot St. Bartholomä und Königssee wird hier deutlich erfahrbar. Auf den letzten Metern stürzt der Bach über einen kleinen Wasserfall in den Königssee. Von nun an geht es eine Viertelstunde recht idyllisch am See vorbei bis St. Bartholomä als Zwischenziel erreicht ist. Die Wallfahrtskapelle am Westufer des Königssees prägt das Panorama. Die

Die Saugasse führt in den Talsschluss

Gastronomie mit fußballfeldgroßer Terrasse, Boots-
anlegestege und Verkaufsstände sorgen für ungewohnte
Betriebsamkeit. Die Aussichten, inklusive des vielleicht
schönsten Blicks auf das Watzmannmassiv, entschädigen
dafür. Nach insgesamt drei Stunden Abstieg vom Kärlinger Haus gönne ich mir eine halbe Stunde Pause bei

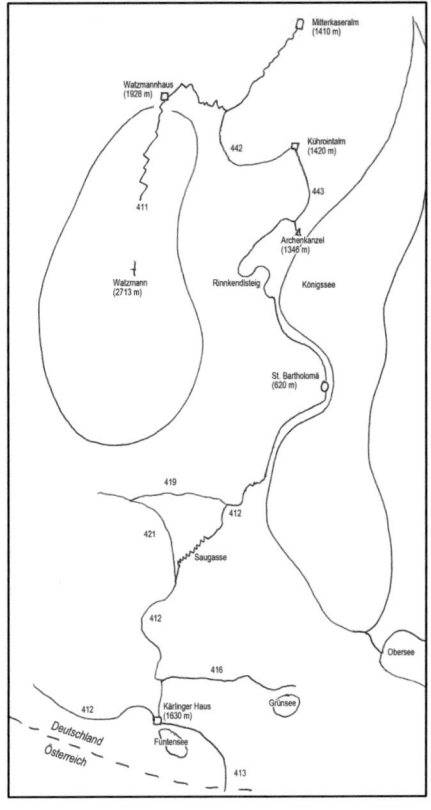

einer Tasse Kaffee
auf der großen
Außenterrasse der
Gaststätte. Wäh-
rend es bislang
1000 Höhenmeter
bergab ging, steht
für die zweite
Tageshälfte der
Aufstieg von St.
Bartholomä (610
m) zum Watz-
mannhaus (1928
m) an. Die ersten
Meter sind dabei
über den Rinn-
kendlsteig zu
machen, der mich
zur Archenkanzel
und später zur
Kührointalm füh-
ren soll. Zuerst
geht es eine Vier-
telstunde gemäch-
lich durch den Wald, dann führt die Route links ab. Von
hier an wird es deutlich ruhiger, die Wege sind spürbar
weniger frequentiert. Auf dem Steig gewinnt man von
Beginn an gut an Höhe. Er schlängelt sich anfangs noch
unschwierig über Erde und Fels durch den Wald. Nach

einer Stunde wird der Steig deutlich anspruchsvoller, gefährlicher und nun auch seinem Namen gerecht.

Die letzten Meter zur Kapelle St. Bartholomä

Rinnkendlsteig

Ausblick von der Kanzel

Einige Leitern sind zu absolvieren, viele Stellen sind mit Stahlseilen versichert, einzelne Trittstufen entschärfen große Felsblöcke. Gegen Ende wird der Rinnkendlsteig wieder etwas moderater, bleibt aber immer noch steil. Nach 2,5 Stunden verlasse ich bewaldetes Gebiet, der Steig ist bewältigt. Links führt der Weg Richtung Kührointalm, rechts zur Archenkanzel. An dieser Stelle sollte man nicht zaudern die zusätzliche Strecke auf sich zu nehmen. Der kurze Abstecher lohnt auf jeden Fall. Von der Kanzel aus hat man nicht nur einen grandiosen Ausblick auf St. Bartholomä und den Königssee, sondern kann auf die gerade bewältigten 700 m Aufstieg hinabblicken.

Sonnenuntergang hinter dem Watzmannhaus

Zwanzig Minuten später komme ich an der Kührointalm an, die ebenso wie St. Bartholomä äußerst gut besucht ist. Maria Himmelfahrt ist in Bayern Feiertag erfahre ich später und erkläre mir so einen Teil des Massenbetriebs. Ich erwische dennoch einen freien Platz auf der Terrasse und stärke mich mit Weißbier und Weißwürsten, um später den Aufstieg zum Watzmannhaus anzugehen. Von der Kührointalm geht es dann westwärts auf dem Weg

442 durch einen Wald am Hang weiter. Dreißig Minuten später wird es etwas sportlicher.

Es folgt ein bisschen Kletterei mit Seilversicherungen und einzelnen Stiften durch den Fels. Nach einer Stunde ist die Falzalm erreicht, deren Bank zu einer kurzen Pause mit Blick auf den Hohen Göll einlädt. An einer Abzweigung geht es von dort aus über den Weg 441 rechts zur Mitterkaseralm. Ich halte mich links Richtung Watzmannhaus. Die Route wird etwas entspannter als beim vorherigen Steig, bleibt aber stellenweise steil. Nach dem Überwinden zahlreicher Stufen warten am Schluss noch ein paar Holzstege auf den Bergwanderer bevor nach zwei Stunden von der Kührointalm das Watzmannhaus erreicht ist.

Der Ausblick von der Hütte auf Kleinen Watzmann und Hocheck ist gigantisch, lässt aber schon die Mühen des Folgetages erahnen.

Unterkunft: Watzmannhaus (1928 m), DAV-Hütte
Hüttenwirt: Anette und Bruno Verst
www.davplus.de/watzmannhaus
Reservierung nur telefonisch unter: 08652-964222
Übernachtung für DAV Mitglieder: 12,- Euro/Lager

Nicht alleine und doch etwas einsam

Lager 7 ist recht groß, wirkt aber zugestellt. Ablageflächen sucht man vergeblich, das gesamte Lager besteht aus Liegefläche. Die Stimmung ist dennoch gut. Viele kleinere und größere Gruppen haben sich für heute Nacht einquartiert. Wahrscheinlich ist für viele Wanderer wegen des heutigen Feiertags Morgen ein Brückentag und damit prädestiniert für eine Watzmannbesteigung bzw. -überschreitung. Ich ergattere einen Lagerplatz oben an der Wand. Meine Hoffnung, dass das Bett neben mir freibleibt und ich vielleicht etwas mehr Platz als die gefühlten 30 cm Matratzenbreite habe, soll sich nicht erfüllen. Es ist voll und eng. Ich versuche, dieser Enge schnell zu entkommen und flüchte auf die rückwärtige Terrasse. Hier nehme ich mein Abendessen zu mir und genieße bei einem Bier die Sonne, die irgendwo zwischen Hochkalter und Schärtenspitze mit ihren letzten Strahlen kämpft. Ein Sonnenuntergang wie aus dem Bilderbuch mit grandiosen Aussichten, die mich sentimental stimmen.

Es ist voll und dennoch will sich ein Kontakt, eine zwanglose Unterhaltung nicht ergeben. In allen drei Hütten zuvor war ich mühelos mit Mitstreitern ins Gespräch gekommen. Die meisten hatte ich schon am Tag zuvor gesehen und/oder gesprochen, doch ihre Tour endete nach dem Kärlinger Haus. Viele stiegen heute nach St. Bartholomä ab und fuhren mit dem Boot nach Königssee. Bekannte Gesichter kann ich daher heute Abend nicht ausmachen. Vielleicht möchte aber auch ich gar nicht reden. Morgen wird die Tour enden und einen Tag später hat mich meine Familie und meine Heimat wieder. Ich nehme gedanklich Abschied von der Tour und das brauche ich gerade nicht mit jemand anderem zu teilen. Und ich gefalle mir auf einmal als Einzelgänger und werde mir der Erkenntnis bewusst, dass das eben auch zu einer Solo-Tour gehört: Allein sein unter Gleichgesinnten. Wer das den ein oder anderen Tag bzw. Abend nicht aushält, sollte auf eine Solo-Tour verzichten.

4.5 Etappe 5:
Watzmannhaus - Schönau

Gipfeltour zum Hocheck und finaler Abstieg ins Tal

Anspruch: ★★   Erlebnisfaktor: ♥♥
Gehzeit: 6.45 h   ↑ 750 m   ↓ 2050 m

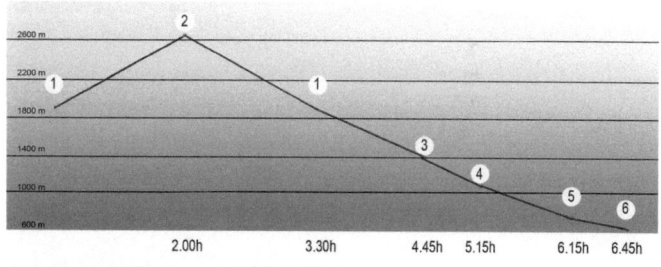

1 - Watzmannhaus (1928 m)   4 - Stubenalm (1150 m)
2 - Hocheck (2651 m)   5 - Hammerstiel (750 m)
3 - Mitterkaseralm (1410 m)   6 - Schönau (620 m)

Die Nacht ist wieder mal kurz. Um 4.30 Uhr stehen die ersten auf, um die Watzmannüberschreitung möglichst nicht in der sich später ergebenden Karawane anzugehen. Das Lager ist voll, die Matratzen sind schmal, die Lautstärke ist zu früh zu hoch. Alles andere als ausgeruht gehe ich nach einem kurzen Frühstück die Hocheckbesteigung an.

Vom Watzmannhaus, das auf dem Falzköpfl vermutlich wegen der Lawinengefahr etwas erhaben steht, geht es einige Meter herunter, bevor der Weg zum Watzmann rechts abgeht. Die Strecke ist gut ausgeschildert und aufgrund der zahlreichen Bergsteiger, die den Weg bereits säumen, kaum zu verfehlen. Sie präsentiert sich zuerst noch als leichter Bergweg, zunehmend gesellen sich Fels und Geröll dazu, später auch Schutt. Etwa auf der Hälfte des Aufstiegs steht die schwierigste Passage mit leichter Kletterei und zwei Seilsicherungen an. Danach wird es etwas ruhiger bis der Schlussanstieg nochmal deutlich steiler und plattiger wird. Am Hocheckgipfel mit zwei (!) Kreuzen herrscht bereits ordentlich Betrieb, es ist aber genug Platz für alle. Der gigantische Ausblick erstreckt sich übers Wimbachtal zum Hochkaltermassiv bis nach Berchtesgaden.

Watzmannüberschreitung

Technisch darf die Route nicht als sonderlich schwierig betrachtet werden (Klettersteig A/B). Die größere Herausforderung liegt in der Luftigkeit und Ausgesetztheit des zur Mittelspitze führenden Grats. Nahezu die gesamte Strecke befindet sich im Absturzgelände. Zudem erfordert die hohe Frequentierung Geduld. Andernfalls steigt das Risiko von Leichtsinnigkeit bei Überholmanövern und Nachlässigkeiten beim Sichern. Auch der Abstieg von Südspitze ins Wimbachtal hat es in sich. Kondition, Schwindelfreiheit, Trittsicherheit und Konzentration bis zu den letzten Metern sind hier Voraussetzung. Damit der Watzmann nicht zum „Schicksalsberg" wird, haben sich DAV, die Bergwacht Bayern, der Verband der Ski- und Bergführer und der Nationalpark Berchtesgaden in einem gemeinsamen Projekt der Sicherheitsthematik angenommen und die Broschüre „Sicher auf den Watzmann" herausgegeben, die beim DAV angefordert werden kann bzw. unter Alpenverein.de/Watzmann zum Download bereitsteht.

Der Weg zur Mittelspitze ist gut zu erkennen, lässt aber erahnen, dass es hier nochmal deutlich schwieriger wird. Die meisten Bergsteiger ziehen hier ihr Klettersteigset an um die Überschreitung über Mittel- und Südspitze ins Wimbachtal und dann nach Königssee oder Ramsau anzutreten.

Da für mich noch der Abstieg nach Schönau ansteht, entscheide ich mich gegen die Überschreitung und für den Abstieg vom Hocheck über Watzmannhaus und Mitterkaseralm.

Auch der Rückweg ist nicht einfach. Es herrscht immer noch Betrieb im

Aufstieg und damit beachtlicher Gegenverkehr, zudem besteht in Geröll und Schutt Rutschgefahr.

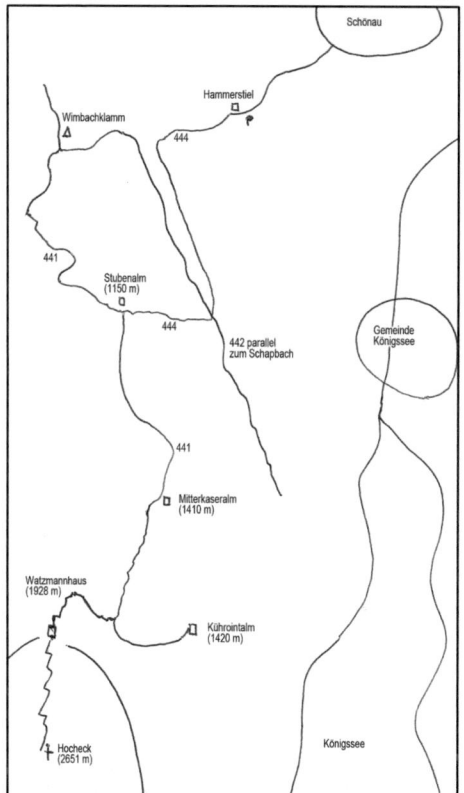

Nach 3,5 Stunden bin ich zurück am Watzmannhaus, mache eine kurze Pause und steige dann weiter zur Mitterkaseralm ab. Die erste halbe Stunde geht es auf dem bekannten Weg 441 bis zur Falzalm (1640 m), dann jedoch nicht wie noch am Vortag rechts den Weg 442 zur Kührointalm ab, sondern geradeaus auf dem Weg 441 bleibend. Jetzt führt der Weg für etwa 20 Minuten durch lichten Lärchenwald über Felsstufen zur Waldklimastation Watzmann auf 1500 m. Von hier aus geht es über breiten, ebenen Wegen zur Mitterkaseralm (1410 m). Auf dieser urigen Alm herrscht kein klassischer Hüttenbetrieb, die Anzahl der Gäste ist überschaubar. Ich genehmige mir eine kleine Pause bei einem kalten Radler aus der Flasche und einem Stück vorzüglichen, selbstgemachten Hefezopf.

Betriebsamkeit am Hocheck

Blick auf die Mittelspitze

Weiter geht es auf dem Weg 441 bis zur Stubenalm, von dort weiter auf dem Weg 444, der nach wenigen Metern zum Fahrweg wird und in Schleifen 30 Minuten lang bis zur Kreuzung führt. Ich bleibe auf dem Weg geradeaus Richtung Schönau und wandere eine weitere halbe Stunde durch Mischwälder bis zum Parkplatz Hammerstiel. Von hier benötige ich nochmal die gleiche Zeit, um auf asphaltiertem Weg zu meiner Pension zu kommen. Die Unterkunft scheint auf Bergsteiger eingestellt. Ich werde jedenfalls herzlich begrüßt und willkommen geheißen. Nach der Dusche gönne ich mir noch ein kaltes Weißbier aus dem Selbstbedienungskühlschrank und genieße anschließend wenige Meter weiter im „Kohlhiasl" beim Abendessen im Biergarten (freitags mit bayrischer Live-Musik) den Ausblick auf Watzmann und Co.

Unterkunft: Pension Gregory
Oberschönauerstraße 66, 83471 Schönau am Königssee
Inhaber: Christian und Manuela Fuchslechner
Nette, kleine Pension mit Bierkühlschrank auf dem Flur.
www.pension-gregory.de
Reservierung per email: info@pension-gregory.de oder
tel. 08652-2326
Übernachtung mit Frühstück im EZ: 37,- Euro p.P.

4.6 Angekommen

Eine fünftägige Hüttenwanderung geht zu Ende und während ich noch im „Kohlhiasl" beim Abendessen sitze, ziehe ich schon ein erstes Fazit meiner Solo-Tour.

Angekommen, Ziel erreicht! Fünf Tage mehr oder weniger alleine durch die Berchtesgadener Alpen liegen hinter mir. Und auch wenn es sich um eine gemäßigte Hüttenrunde handelt, deren Höhepunkte nicht aus der Aneinanderreihung von Gipfelbesteigungen bestehen, hinterlässt sie Eindruck.

Im Nationalpark Berchtesgaden erlebt man trotz gut ausgebautem Wegenetz und vielzähliger Hütten und Almen noch ursprüngliche Natur. Von der Watzmannbesteigung abgesehen, deren Route zu einem Nicht-Feiertag wahrscheinlich deutlich weniger frequentiert gewesen wäre, genießt man im Berchtesgadener Land noch Ruhe und Erholung in den Bergen. Auf dem Weg von der Blaueishütte bis zum Wimbachschloss begegnete ich keinem einzigen weiteren Wanderer. Der Nationalpark Berchtesgaden ist auch als solcher erlebbar. Naturschutz und Erholung sind kein werbewirksames Etikett, sondern bei jedem Schritt spürbar.

Die Tatsache, dass die Berchtesgadener Alpen sich nicht dem Massenskitourismus verschrieben haben, trägt wesentlich zum ursprünglichen Charakter der Landschaft bei. Von der westlich von Berchtesgaden gelegenen Jennerbahn abgesehen, sucht man Bergbahn- oder Liftbetriebe vergeblich. Dies vermeidet einerseits die Verschandelung der Natur durch Liftmasten, Geröllpisten oder folienummantelte Schneedepots und andererseits das hohe Aufkommen von Tagestouristen, die sich mit Bergbahn und Co. bis auf hundert Meter unter den

Gipfel fahren lassen. Wer das Ötztal mit seinen völlig ruinierten Berghängen Richtung Sölden oder der Wildspitzbahn, die einen auf 3440 m direkt ins Gletschergebiet transportiert, erlebt hat, wird sich der Ruhe und Ursprünglichkeit der Berchtesgadener Alpen nicht entziehen können. Bergtouristen, die sich etwa an der Zugspitze tummeln, sucht man hier vergeblich.

Trotz alledem sei dem Hüttentourengeher dringend ans Herz gelegt, die Übernachtungen in der Hochsaison vorzureservieren. Die Hütten sind oft verhältnismäßig klein und diejenigen, die sich ins Berchtesgadener Land aufmachen, sind mangels Bergbahnbetrieben auf Über–nachtungen im Gebirge angewiesen. Für Solo-Gänger sind im Matratzenlager dennoch meistens ein oder zwei Plätze frei.

Unangenehmer Nebeneffekt der Abgeschiedenheit ist die Tatsache, kaum über ein funktionsfähiges Funknetz verfügen zu können. Wer sich und gegebenenfalls seine Familie darauf einstellt, dass die Erreichbarkeit extrem eingeschränkt ist, wird damit leben können. Wer aber wie ich auf Solo-Tour zur Beruhigung der übrigen Familienmitglieder regelmäßigen Rapport versprochen hat, wird schnell mit der mangelhaften Realisierbarkeit seiner Zusage konfrontiert. Zudem lässt die Route kaum Lademöglichkeiten für Akkus zu. Die erste Tätigkeit zur Vorbereitung auf kommende Touren wird daher die Anschaffung eines Power-Packs inklusive Solarpanel sein.

Die Hüttentour hat alle meine Erwartungen erfüllt. Die Faszination des Königs Watzmann ist ungebrochen. Und dabei hat das Berchtesgadener Land noch so viel mehr zu bieten.

5 Tipps und Infos

5.1 Kostenkalkulation

Übernachtungen

Die Nächte auf den Hütten sind als DAV-Mitglied sehr preiswert. Hier bezahlt man für einen Lagerplatz zwischen 10,- und 14,- Euro und für einen Schlafplatz im Mehrbettzimmer sollten ein paar Euro mehr eingeplant werden. Die Wimbachgrieshütte ist keine DAV-Hütte, sondern wird von den Naturfreunden Deutschlands betrieben. Wer dort kein Mitglied ist zahlt 15,- Euro/Lager bzw. 20,- Euro/Mehrbettzimmer. Als Naturfreund sind die Kosten bei 6,- Euro/Lager bzw. 10,- Euro/Mehrbettzimmer pro Person etwa halb so hoch. Ähnlich verhält es sich bei den DAV-Hütten. Eine Mitgliedschaft beim Deutschen Alpenverein verbilligt die Unterkunftskosten auf etwa die Hälfte.

Die Pension Gregory in Schönau liegt nicht nur strategisch günstig zwischen Abstieg und Haltestelle Berchtesgaden Hauptbahnhof (ca. 15 Minuten Gehweg), sondern ist auch gut und preiswert. Für die Übernachtung im Einzelzimmer inkl. Frühstück zahlte ich 37,- Euro. Für die Unterkünfte (teils inkl. Verpflegung) sind folglich etwa 80 Euro anzusetzen.

Verpflegung

Sowohl unterwegs als auch zum Frühstück und Abendessen braucht der Körper Energie, um genug Kraft für die kommenden Anstrengungen zu haben. Auf den Hütten sollte man für ein Frühstück zwischen 5 Euro und 8 Euro einplanen, je nachdem ob man mit Kaffee und Müsli auskommt oder von vornherein ein festes Frühstück angeboten wird. Das Frühstück ist auf den Hütten im Vergleich zu den Übernachtungskosten verhältnismäßig teuer. Zu bedenken ist aber, dass die

Pächter an den Übernachtungen kaum etwas verdienen, da hohe prozentuale Abgaben an die jeweiligen Sektionen abzuführen sind. Die Sektionen benötigen das Geld dringend, um die Instandhaltungskosten für die Hütten aufbringen zu können. Zudem werden die Nahrungsmittel häufig sehr aufwändig z.T. über Materialseilbahn oder via Helikopter auf die Hütten gebracht. Das verteuert verständlicherweise die Beschaffung.

Auch unterwegs bietet sich die Möglichkeit auf Hütten und Almen etwas zu essen oder auf selbstgekaufte und mitgeführte Nahrung zurückzugreifen. Hier bieten sich haltbare und energiereiche Zwischenmahlzeiten wie Schoko- oder Körnerriegel, luftgetrocknete Würste (etwa Landjäger oder Kaminwurzen) oder Studentenfutter an. Zudem sollte immer genug Flüssigkeit mitgeführt werden. Wasser ist in der Regel an allen Hütten kostenlos auffüllbar. Im Sommer ist Wasser aber schon mal rar. Das Watzmannhaus ist zur Zeit meiner Tour mit dem Hubschrauber mit Wasser versorgt worden.

Falls man zur Mittagszeit eine Hütte oder Alm aufsucht, bietet sich eine schmackhafte Suppe mit Nudeln oder Knödeln an, die nicht schwer im Magen liegt und den Elektrolythaushalt wieder ausgleicht. Eine leckere Speck- oder Käsejause stellt ebenfalls eine Option dar. Dazu kommt je nach Geschmack eine Saftschorle, ein alkoholfreies Bier oder Radler. Für eine Zwischenmahlzeit oder ein Mittagessen auf einer Hütte sollten etwa 10 Euro angesetzt werden.

Ein Abendessen kostet – egal ob Hütte oder Restaurant – zwischen 8 und 15 Euro zzgl. Getränke. Hier kommt es natürlich darauf an, ob man eine Linsensuppe wählt, eine Pizza isst oder ein echtes Wiener Schnitzel bestellt. Mit dem verbilligten Bergsteigeressen und -getränk lassen sich schnell noch ein paar Euro sparen. Sie passen aber nicht immmer zu den persönlichen Vorlieben. Die Verpflegungskosten variieren also je nach eigenem Geschmack recht stark; zwischen 20 und 30 Euro sollte man allerdings pro Tag einplanen – insgesamt also ca. 150 Euro.

Transportkosten
Die hier vorgestellte Tour ist auf fünf Tage ausgerichtet. Sie kommt ohne öffentliche Verkehrsmittel, Taxen und Bergbahnen aus, letztere sind im Nationalpark Berchtesgaden ohnehin Mangelware. Es fallen damit in meinem Fall nur Kosten für An- und Abreise (günstigstenfalls mit dem Zug, Vorbuchung empfohlen) in Höhe von rund 200 Euro an.

5.2 Kartenmaterial

Ich greife auf meinen Touren gerne auf DAV-Karten zurück. Sie sind zuverlässig, genau und in kleinem Maßstab erhältlich. Etwas handlicher ist für den Raum Berchtesgaden die Karte des Landesamtes für Vermessung und Geoinformation Bayern, die aber aktuell nicht verfügbar ist:

- Landesamt für Vermessung und Geoinformation, Bayern: UK 25-1, Nationalpark Berchtesgaden (momentan nicht lieferbar)
- DAV-Karte: BY 21, Nationalpark Berchtesgaden/Watzmann (seit 2013 in neuer Auflage)

5.3 Bergschulen

Folgende Bergschulen bieten als Veranstalter Alpenüber-
querungen und dieser Streckenführung ähnliche Alternativen als geführte Touren an:

DAV Summit Club GmbH
Am Perlacher Forst 186
81545 München
www.dav-summit-club.de

Bergschule Watzmann
Am Forstamt 3
83486 Ramsau bei Berchtesgaden
www.bergschule-watzmann.de

Zembsch Bergschule
Silbergstraße 25
83483 Bischofswiesen
www.berchtesgaden-bergschule.de

OASE Alpinschule
Bahnhofplatz 5
87561 Oberstdorf
www.oase-alpin.de

Berchtesgadener Bergführerverein e.V.
Berchtesgadener Str. 21
83483 Bischofswiesen
www.berchtesgadener-bergfuehrer.de

Wer nur für bestimmte Etappen auf Bergführer zurückgreifen will, informiert sich am besten an den Bergführ-
erstellen des nahegelegenen Talortes, online z.B. über
www.berchtesgadener-bergführer.de

5.4 Weiterführende Literatur

Für Klettersteiggehen, Grundausrüstung und Technik:

- Olaf Perwitzschky: Bergwandern – Bergsteigen. München: Rother, 2. Aufl., 2011
- Pit Schubert: Klettersteiggehen, Ausrüstung – Technik – Sicherheit. München: Rother, 4. Aufl., 2010.

Andere bzw. alternative Streckenführungen und Routenbeschreibungen, zum Teil als Tageswanderungen:

- Als Download: DAVPlus, Die Watzmanntour für ausdauernde Bergwanderer als Vier-Tages-Tour über die DAV-Homepage bei Touren- und Hüttenfaltblätter oder direkt unter http://www.davplus.de/uploads/images/3PtKAPN F5RPGdmzHxsfBlw/0513_dav_watzmann_tour.p df
- Horst Höfler u.a.: Wanderführer Berchtesgadener Land: Die 40 schönsten Touren zum Wandern rund um Königssee, Ramsau am Dachstein, Grünstein, Hochkönig und Watzmann, mit Wanderkarte und GPS-Daten zum Download. München: Bruckmann, Neuaufl. 2014.
- Heinrich Bauregger: Berchtesgadener Land: Die schönsten Tal- und Bergwanderungen. 51 Touren. München: Rother, 13. Aufl. 2014.

Empfohlen sei darüberhinaus der DAV-Flyer zum Thema Sicherheit am Watzmann:
- Download der Broschüre unter http://www.alpenverein.de/chameleon/public/214

c6dee-a7cc-1c5c-f379-4d12a2fb23e1/Sicher-auf-
den-Watzmann-Flyer_23645.pdf

In der Reihe bereits erschienen:

André Dückers: Alpenüberquerung Oberstdorf – Meran. Eine siebentägige Alternativroute zum Fernwanderweg E5. Norderstedt: BoD 2012.

72 S., mit vielen farbigen Abb., ISBN: 978-3732278923

7,90 Euro